AF258805

146

(Par Julien Maréchal, d'après Barbier.)

CONSIDÉRATIONS

L'ETAT MORAL ET POLITIQUE

DE LA FRANCE,

ET

Recherches sur ses véritables intérêts dans la crise actuelle.

MAI 1815.

PAR J. M......L.

PARIS,

DE L'IMPRIMERIE DE J. B. SAJOU,
Rue de la Harpe, n.º 11.

1815.

CONSIDÉRATIONS

L'Etat moral et politique de la France.

La France touche au moment d'une crise effroyable. Placée au bord d'un abyme dont on ne sauroit mesurer la profondeur, telle est pourtant la nature du danger qu'elle peut également l'éviter ou s'y précipiter, que sa ruine et son salut dépendent d'elle-même, et qu'elle est libre encore de marcher vers l'un ou l'autre de ces deux points extrêmes. Dans cette alternative, à la fois terrible et consolante, le devoir d'un bon citoyen est de chercher à s'éclairer soi-même, et, s'il est possible, à éclairer ses concitoyens sur les communs intérêts, sur les moyens d'opérer le bien général qui doit être, dans ces graves circonstances, le but unique et comme le point de ralliement de toutes les pensées et de toutes les actions particulières.

Telle est la raison qui nous engage à publier ces rapides réflexions, que le plus pur patriotisme nous a suggérées, et qui, si elles n'emportent point l'approbation de tous par leur justesse, la méritent du moins par le sentiment qui leur a donné naissance.

La France, et c'est là son plus grand malheur, la France est aujourd'hui divisée par l'opinion, en deux grands partis dont chacun a lui-même ses subdivisions particulières.

Le parti du Gouvernement royal qui se subdivise en *Royalistes exclusifs*, c'est-à-dire qui tiennent particulièrement pour la personne et l'administration de Louis XVIII (et c'est le plus grand nombre) : en *Royalistes relatifs*, qui détestent encore plus Bonaparte qu'ils n'aiment le Roi, et qui ne voyent rien de mieux dans le rétablissement du Roi que le renversement de Bonaparte (le nombre en est grand aussi) ; enfin, en *Orléanistes* qui appellent à la couronne le Duc d'Orléans, lequel probablement n'a guères été consulté dans ce choix-là, et qui, tout digne qu'il puisse paroître du trône, sait trop bien que cela ne suffit point pour y monter.

Le parti du Gouvernement impérial qui se compose des *Bonapartistes*, proprement dits, c'est-à-dire qui tiennent spécialement à Bonaparte (ce sont, en grande partie, les gens en place, et une portion de l'armée), des *Bonapartistes relatifs*, qui ne se rallient à Bonaparte qu'à cause du besoin que, suivant eux, la France en a, pour repousser l'invasion des alliés, et chez lesquels prédomine un sentiment, vrai ou faux, d'honneur national, qui les porte à ne rien voir de plus à craindre que cette invasion; des *Républicains* honnêtes, qui croient encore à la possibilité d'une démocratie sage et heureuse, chez une nation telle que la nôtre: enfin, des *Jacobins*, hommes dont le nom et les principes sont l'effroi des honnêtes gens de tous les partis, et qui ne cherchent, dans les commotions politiques, que le moyen d'arriver, par les voies de l'intrigue et de la terreur, à l'anarchie et au brigandage.

Comme dans l'état actuel des choses, le renversement de Bonaparte, d'un côté, et de l'autre côté, l'expulsion des Etrangers ainsi que de la Famille royale, sont les deux résultats désirés, et, si l'on peut parler ainsi, les deux centres d'intérêts, pour chacun des deux partis, toutes les subdivisions se rattachent aujourd'hui à la division principale, en sorte que toutes ces factions diverses se résolvent, quant à présent, dans les deux grands partis des *Royalistes* et des *Bonapartistes*.

Notre intention n'est point d'entrer ici dans l'examen des élémens qui forment l'opinion des uns ou des autres, ni dans la question de leur légitimité. Ce n'est point sous le rapport du *droit*, mais uniquement sous le rapport du *fait*, que nous les voulons considérer, et nous nous bornons à dire, parce que c'est une chose qui n'est point susceptible de discussion ni d'équivoque, que les deux partis existent. Ils existent, et leur force respective est imposante : elle est telle que, malgré l'avantage immense que donne à l'un la possession et l'exercice de l'autorité suprême, l'autre ne craint point de se montrer à découvert et de donner le signal du combat. S'il s'engage généralement, on doit donc craindre des déchiremens effroyables et tous les maux affreux qu'engendrent les guerres civiles.

Dans la perspective politique, et pour le soutien de l'un des partis comme pour la ruine de l'autre, se montre, à nos frontières, l'Europe armée, qui vient, en demandant à la nation entière la garantie de son repos, par le renversement de Bonaparte, offrir à la partie de cette nation, restée, par conscience ou par intérêt, fidèle à Louis XVIII, un secours efficace contre l'usurpation du premier.

Dans cette situation, que peut, que doit faire la France ?

Sans doute, si les circonstances et l'esprit public étoient autres, si elle étoit unie d'opinion, si d'un zèle unanime elle s'armoit pour la défense de son indépendance et de ses

institutions menacées par une injuste et sou-
daine aggression, sa force seroit grande, et
peut-être alors seroit-il possible qu'elle trou-
vât dans son énergie, dans cette coopération
universelle de ses citoyens, des moyens im-
posans de défense et de triomphe, ou au
moins celui de rendre la lutte longtemps dou-
teuse, de faire acheter chèrement la victoire.

Mais, hélas! qu'il est loin d'en être ainsi!

Comment supposer ce concert d'efforts et
de volontés qui pourroit seul faire espérer le
succès, lorsqu'au contraire une partie de la
nation (et, ne dissimulons rien, ce n'est pas
la moindre) se montre toute disposée à secon-
der cette invasion, au lieu d'y résister; lorsqu'au lieu d'y voir aucun danger pour son
indépendance et le maintien de ses institutions, elle la regarde comme la sauve-garde
de ses droits et la garantie de sa future félicité, conquises pour longtemps au prix d'un
mal, grand, sans doute, mais passager; lorsqu'au lieu de voir dans l'étranger qui s'a-
vance un ennemi redoutable, elle n'y veut
voir qu'un allié, qu'un libérateur dont les
intérêts se confondent avec les siens; lorsqu'au lieu d'armer son bras pour le repousser
à l'extérieur, elle s'efforce de lui frayer les
voies à l'intérieur, et cherche à terrasser, par
l'opinion ou par le fer, ceux qui prétendent
s'opposer à lui; lorsqu'enfin, au lieu de placer

son devoir dans la résistance, elle n'y voit qu'une sorte de sacrilége et la tâche indélébile d'un fauteur de trahison et de tyrannie?

Parlez, Citoyens du Nord, de l'Ouest et du Midi! Vous qui conservez avec le souvenir et l'amour de votre Roi, l'espérance de le revoir, et dans lesquels chaque jour, chaque événement accroît ce désir, fortifie ces espérances, est-ce vous qui combattrez, qui chasserez de la France ceux qui veulent le rendre à la France? Est-ce vous qui serez les ennemis de ceux-là qui sont les amis de votre Roi? Est-ce vous qui vous consacrerez à la cause de celui que vous regardez comme son odieux compétiteur, comme l'usurpateur de son trône?

Et vous aussi qu'affectent les souvenirs anciens et récens d'une haine implacable contre l'homme que vous accusez de tous les malheurs de la France et du monde, est-ce vous qui sacrifierez vos vies et vos fortunes pour le maintien d'un sceptre que vous lui avez vu déposer avec tant de joie, et reprendre avec tant de terreur? Est-ce vous qui voudrez travailler à river les chaînes nouvelles d'un esclavage, qui vous parut si honteux, si intolérable, et que, à travers le voile de ses promesses déceptrices, vous apercevez encore dans l'avenir de son règne nouveau?

De toutes parts et pour toute réponse s'é-
lèvent des cris d'indignation et de fureur
contre celui qu'ils signalent comme le plus
cruel ennemi de la France et du genre humain : partout s'observent et s'agitent des
esprits en fermentation, des citoyens passion-
nés, ici tout prêts à se révolter, là en révolte
ouverte, et contre l'autorité qu'ils désavouent
et contre le souverain qu'ils maudissent. Ah!
ce ne sont pas là, confessons-le franchement,
des augures de succès dans la lutte effroyable
qu'il faudroit soutenir, et c'est une sanglante
extravagance de croire qu'une seule nation,
fût-elle la plus intrépide et la plus héroïque
du globe, puisse, ainsi divisée et désunie,
résister à vingt nations aguerries, du sein
desquelles sortent des armées innombrables,
et qui tirent de leur union, cimentée par
leur intérêt, une force indestructible.

Ainsi, c'est certainement vouer la France
aux plus grands malheurs, c'est évidemment
appeler sur elle des désastres dont l'idée seule
est effrayante, c'est vouloir enfin sa dévastation et son anéantissement que de pousser à
la résistance la partie de la nation qui pourroit n'y être pas contraire.

Cette résistance impuissante et inefficace
ne peut avoir d'autre résultat que de changer en fureur, dans l'étranger, le sentiment
de modération qu'il proclame, et que de le

provoquer à user, envers les personnes et les propriétés, de tous les droits affreux de la guerre.

C'est donc, d'un côté, sacrifier gratuitement une portion de citoyens, et, de l'autre côté, attirer, sur tout le reste de la nation, les plus épouvantables calamités.

Voici l'objection principale que font à cela les partisans du système de résistance, parmi lesquels, il faut l'avouer, se trouvent beaucoup d'honnêtes citoyens, animés d'un zèle fort louable dans son principe, mais aveugle, suivant nous, et surtout fort dangereux dans son exagération.

Si, disent-ils, la France ne résiste point avec énergie, si l'Etranger pénètre encore une fois jusqu'à sa capitale, et parvient à s'en emparer, la France est déshonorée, et non-seulement c'est une honte ineffaçable pour elle, mais encore c'est le signal de sa destruction et du démembrement total de ses provinces par les Puissances alliées.

Cette objection peut être bien facilement détruite sous le double rapport qu'elle présente. Elle n'a véritablement rien de solide dans le sens d'aucun des deux partis, quant au premier de ces rapports.

En effet, soit qu'on raisonne avec les *Roya- listes*, soit qu'on partage l'opinion des *Bo- napartistes*, le défaut de résistance à l'invasion

des alliés ne sauroit, suivant nous, compro-
mettre en rien l'honneur national.

Et d'abord, dans le sens des Royalistes,
assurément la France ne peut pas se désho-
norer en réclamant le secours de ses alliés,
ou en acceptant le secours offert pour résister
à l'oppression intérieure d'une partie de sa
force armée, qui veut lui imposer un chef
dont la nation ne veut pas, et pour l'aider à
reconquérir, sur cette force armée rebelle,
un Roi qu'elle aime, qu'elle a éprouvé, et
qu'elle juge propre à faire son bonheur.

Certes, il n'est encore venu à l'idée de
personne, que la France ait été déshonorée
parce qu'au seizième siécle Henri IV, le plus
grand et le meilleur de ses Rois, fut obligé
de solliciter le secours des Allemands et des
Anglais, pour réduire la Ligue, et parce
qu'avec leur aide il fut vainqueur de sujets
rebelles dont bientôt après il devint le père.

Or, ce qui fut légitime il y a deux cents ans,
ne peut pas ne l'être point aujourd'hui ;
et, proportion gardée entre le nombre des
partisans de Mayenne et celui des sectateurs
de Bonaparte, Louis XVIII, ouvrant la
France aux armées de la coalition (1), ne

(1) Cette position de fait est une pure hypothèse, une concession gratuite que nous faisons à
l'opinion de ceux qui s'opiniâtrent à prétendre que
le Roi est en effet le mobile et l'auteur de l'invasion,

fait rien de plus criminel quant à lui, ni de
plus déshonorant quant à la nation, que

pour démontrer que dans ce cas là même il n'y
auroit point de reproche raisonnable à lui adresser.

Mais, dans la vérité, cette opinion n'est point
soutenable, et il est bien évident que la cause de
l'invasion se trouve ailleurs que dans l'intérêt du
Roi et de ses partisans.

Elle se trouve dans l'intérêt puissant et légitime
que tous les Princes et tous les peuples de l'Europe,
ont au renversement de Bonaparte, dont le pouvoir
menace de nouveau les trônes et les libertés. Elle
est dans le souvenir récent des aggressions passées,
dans la crainte fondée des aggressions futures, dans
la défiance trop justifiée que son ambition immo-
dérée a semé de toutes parts sur les suites de son
usurpation.

Telles sont, et les Souverains alliés ne le dissi-
mulent point, les véritables causes de l'invasion;
son but direct, c'est l'anéantissement de Bonaparte
et de son autorité.

Qu'en cherchant à arriver à ce but, les alliés,
touchés des malheurs du Roi, et pénétrés d'estime
pour lui, ayent résolu de travailler simultanément
à son rétablissement sur le trône, c'est ce qui peut
être, c'est ce qui est sans doute, mais ce n'est assurément qu'une cause bien secondaire de l'expédition, et il est plus que douteux que ce motif
tout seul eût pu la déterminer.

Le Roi ne seroit pas là pour revendiquer ses
justes droits, qu'évidemment l'expédition n'en auroit
pas moins lieu.

Il est absurde, d'après cela, de lui en attribuer
la cause.

Henri IV y appelant les Allemands, les Suisses et les Anglais.

Si la France court risque de son honneur, diront les Royalistes, c'est en courbant lâchement la tête sous le despotisme militaire qui est parvenu, par la déloyauté non moins que par l'abus tyrannique de sa force, à replacer sur le trône un ayenturier trop fameux, détesté de tout ce qu'il y a d'honnête et d'éclairé dans la nation; c'est en violant, sans pudeur comme sans motif légitime, la foi jurée au plus doux et au plus confiant des Princes, en s'armant contre celui-là même qu'elle a promis de servir avec fidélité, et en donnant à l'Europe indignée le scandaleux spectacle d'une nation qu'on dit brave et spirituelle se laissant sottement ayeugler par les sophismes odieux d'un machiavélisme effronté, ou honteusement subjuguer par un système de terreur, engendré de la fureur révolutionnaire et du despotisme impérial, et amenée ainsi à forger ses propres fers, à combattre contre son devoir, contre sa conscience, contre ses intérêts les plus chers, pour soutenir la puissance chancelante du tyran qu'elle abhorre, qu'une fois elle a chassé du trône, et qu'elle en chasseroit encore si elle étoit libre de ses actions comme de sa pensée; mais jamais assurément son honneur ne souffrira ni aux yeux des contemporains, ni à ceux de la postérité, pour avoir saisi le moyen de résister à l'oppression, pour avoir brigué l'alliance de l'Etranger contre l'ennemi domestique, pour avoir fait cause commune avec son Roi légitime, travaillé avec énergie à rétablir l'édifice de la prospérité nationale, et coopéré à l'exécution des mesures qui doivent assurer pour longtemps le repos du monde et le bonheur des nations européennes.

Ainsi, sous ce premier point de vue, évidemment l'honneur national est totalement garanti.

Actuellement, dans le sens des Bonapartistes, on ne peut pas dire non plus avec quelque bon sens que la France soit déshonorée, pour n'avoir pas voulu s'engager dans une lutte inégale où la chance du succès est nulle et la chance contraire infaillible. Le courage a des bornes de raison au delà desquelles il n'y a plus qu'imprudence et témérité. Il n'y a pas de déshonneur à céder à la force, à ne pas résister à une puissance irrésistible, et la France ne sera pas plus déshonorée pour avoir refusé le combat dans l'impossibilité trop évidente de vaincre, qu'elle ne le seroit si l'ayant accepté elle étoit accablée par une force supérieure.

[15]

Dans l'état de crise et d'allarme où se trouve aujourd'hui la France, envahie à l'extérieur par toute l'Europe, nourrissant au dedans les germes d'une division funeste, menacée au dehors d'une guerre universelle, et au dedans d'une révolte générale, c'est sagesse à elle, c'est prudence nécessaire et non pas lâcheté de céder à l'orage.

Assez longtemps la France a donné à l'Europe et au monde entier des preuves éclatantes de sa vaillance; et, s'il est un reproche fondé à lui faire, c'est sans doute de les avoir trop multipliés.

Ainsi, en supposant même aux alliés d'autres intentions que celles qu'ils proclament, en les considérant non plus comme des alliés, mais comme des ennemis déclarés de toute la nation, et en admettant que comme ennemis, ils accablassent la France, elle n'auroit rien perdu encore de son honneur, car les premières capitales de l'Europe, tant de fois conquises et envahies par les armées françaises, mettroient à couvert, par une juste compensation, l'honneur de Paris occupé de nouveau par les armées de l'Europe.

Et si cela est vrai dans l'hypothèse où toute la nation se seroit opposée à l'invasion, cela l'est bien plus encore, dans celle où une partie de la nation, loin d'y résister, l'auroit désirée et favorisée, car la gloire de l'Etranger vainqueur seroit moins grande en raison de ce que le succès auroit été plus facile ; ce ne seroit, à vrai dire, qu'une victoire de parti, dont l'honneur appartiendroit autant aux Royalistes français qu'à l'Etranger qui les auroit secondés.

Il est donc certain que sous quelque rapport qu'on envisage la question, l'honneur de la nation n'est point directement intéressé à la résistance, et qu'il ne sera ni perdu ni compromis parce que la résistance n'aura point lieu.

Cette première partie de l'objection ainsi détruite, reste la seconde partie, reste la raison d'intérêt public et la crainte d'un démembrement du territoire par les Puissances coalisées.

De toutes les chimères mises au jour, dans ces derniers temps, pour remuer les esprits, exalter les passions, et produire du mouvement, celle-ci nous paroît à la fois la plus adroite en imagination et la plus absurde en possibilité de réalisation.

Si nous ne voulons pas ici négliger les leçons de l'expérience, nous trouverons dans le passé la garantie de l'avenir.

Si nous voulons réfléchir que les Puissances de la coalition ont refusé, il y a un an, l'occasion la plus favorable pour opérer le démembrement de la France, nous cher-

cherons vainement le motif qui les porteroit
à le désirer aujourd'hui, et nous pourrons
alors ajouter quelque foi au démenti solen-
nel qu'elles donnent à cette intention sup-
posée, en annonçant l'intention contraire
de respecter l'intégrité du territoire français.

Que si de pareilles considérations sont
insuffisantes pour certains esprits, qui se
refusent à croire que la loyauté puisse entrer pour quelque chose dans les calculs
politiques, et qui regardent les promesses des
Souverains alliés comme un leurre dont il
faut se défier, il est d'autres considérations
encore, qui peuvent servir à leur conviction.

Une garantie certaine de l'absurdité du
projet de démembrement qu'on suppose aux
Puissances alliées, seroit sans doute celle qui
sortiroit de la nature même des choses et
de l'intérêt propre de ces Puissances.

Or, cette garantie existe, et sa réalité peut
être démontrée par une réflexion toute
simple.

En effet, la France telle qu'elle est aujour-
d'hui, avec sa mesure actuelle de force et
de territoire, est telle qu'elle convient au
système politique établi en Europe, système
confirmé par les opérations récentes du
Congrès, et que toutes les Puissances ont un
intérêt immédiat et réciproque à maintenir
rigoureusement.

Assez puissante pour se faire respecter, point trop pour exciter de la jalousie ou des allarmes, la France est un des élémens principaux de ce système, un contre-poids nécessaire dans la balance européenne, sans lequel l'équilibre seroit soudainement détruit, au grand malheur de tous les Etats du Continent.

C'en est assez pour être convaincu que les Puissances n'ont pas pu concevoir, ou du moins qu'elles ne voudroient jamais exécuter un pareil dessein subversif des principes de leur politique, comme de leur repos et de la félicité de leurs sujets.

Cependant allons plus loin encore et supposons leur le pouvoir et la volonté d'opérer le démembrement.

A qui profitera-t-il? Quelles seront les Puissances qui en pourront recueillir le bénéfice?

Ce ne peut être évidemment que l'Autriche, la Prusse et l'Angleterre; la Russie et la Suède sont exclues du partage par leur position géographique; quant à l'Espagne, l'esprit national, qui servira toujours chez elle de base aux vues de sa politique, la retient dans ses limites naturelles, et lui ravit toute pensée comme tout désir d'aggrandissement matériel.

Or, si le démembrement a lieu au profit

de l'Autriche et de la Prusse, le partage de
cette riche dépouille ne seroit-il point pour
les deux Puissances le sujet de graves dis-
cussions et peut-être de sanglantes querelles?

D'une autre part, croit-on que la Russie,
voisine de ces deux Etats, assez puissans déja
(et surtout le premier), pour exciter sa jalousie ou ses inquiétudes, verroit tranquil-
lement cet accroissement subit de territoire
et de force? Croit-on que l'Angleterre aussi,
dont la politique spécule sur l'affoiblissement
de tous les autres Etats, pourroit donner les
mains à cet aggrandissement simultané de
l'Autriche et de la Prusse?

Que si l'Angleterre vouloit être admise
au partage, n'y trouveroit-elle point une
forte opposition dans tous les cabinets, qui
déja n'ont vu qu'avec la plus grande peine,
les succès de la dernière coalition lui rendre
sur le Continent une puissance territoriale
par la reprise de possession du Hanovre et
l'érection du nouveau Royaume de ce nom.

D'après ces simples aperçus, susceptibles
d'un immense développement, mais aux-
quels nous nous bornerons ici, qui pourroit, avec quelque bonne foi, ne pas convenir que l'idée du démembrement de la
France par les Puissances alliées seroit le
signal de nouveaux déchiremens et de querelles politiques propres à les rejeter dans

des guerres sanglantes et interminables entre elles-mêmes? Conséquence trop immédiate pour qu'elle puisse jamais leur échapper, et qu'elles sont assurément trop éclairées pour ne pas sentir dans toute sa latitude.

Or, nous le demandons, peut-on raisonnablement supposer qu'elles veuillent courir des hasards aussi désastreux, alors que tous les Etats de l'Europe épuisés par de longues calamités n'aspirent qu'au repos, alors que tous les Princes éprouvés par de grandes infortunes sentent, comme tous les peuples, le besoin du calme après tant d'orages, et le prix d'une paix générale et durable après tant de guerres dévastatrices et universelles: paix nécessaire à tous, un instant rétablie à la satisfaction de tous, que Bonaparte et la fatalité ont rompu en un instant, et pour la nouvelle conquête de laquelle l'Europe fait encore, en ce moment, des efforts et des sacrifices si prodigieux?

Ainsi donc, et sans énumérer ici les graves, les invincibles difficultés d'exécution qu'éprouveroit d'ailleurs le projet du démembrement de la France, on voit clairement qu'en le considérant uniquement sous le rapport de l'intérêt même des Puissances alliées, la raison rejette au loin l'idée inadmissible, absurde et chimérique d'un pareil projet.

Ainsi tombe, sous ce second point de vue comme sous le premier, l'objection qui fait la base du système de résistance aux alliés, et le principal mobile employé par les chefs de ce système pour précipiter une partie de la nation au devant des bayonnettes de l'Europe. Ainsi reste prouvée, suivant nous, sans réplique, cette proposition inverse, que ni l'honneur, ni l'intérêt national ne peuvent, dans l'état actuel des choses, comme dans la situation morale de la nation, souffrir du défaut de résistance aux armées alliées et à l'invasion du territoire.

En adoptant cette conséquence, nous n'avons pas toutefois la déraisonnable pensée que cette invasion ne puisse pas blesser vivement, dans un sens, bien des intérêts particuliers et par contre-coup l'intérêt public.

Il est malheureusement trop certain que ce défaut de résistance ne sera pas universel, qu'une portion de l'armée, que beaucoup de partisans intéressés de Bonaparte ne peuvent pas ne pas songer à la défense, et qu'il en pourra coûter cher pour réduire ces désespérés.

Nous savons bien que la nécessité de rendre quelques contrées de la France le théâtre d'une pareille guerre, entraînera pour elles de grands désastres, et nous en gémissons avec tous les amis de la patrie et de l'humanité; mais enfin nous disons qu'entre deux malheurs il faut choisir le moindre, et qu'entre une résistance générale qui, sans espoir de succès en définitif, faisant de toute la France le théâtre de la guerre, entraîneroit la dévastation et la ruine générale, et une résistance partielle dont le foyer, circonscrit dans une certaine étendue de territoire, n'entraîneroit qu'une perte proportionnelle, il n'y a pas à balancer pour le choix du dernier parti : le mal général seroit sans remède et sans compensation, au lieu que le malheur local peut trouver des secours et des dédommagemens. Ce calcul est raisonnable et légitime, mais la nécessité en est cruelle. Oh ! que tout ce qu'il doit y avoir d'acteurs de cette sanglante tragédie, ne peut-il pour un moment se dépouiller de ses passions, et en envisager froidement les funestes résultats ! Que les partisans de Bonaparte ne peuvent-ils, pour un moment, sortir de leur aveuglement, et songer de sang froid aux déplorables conséquences de leur opiniâtreté ! Quoi ! pour un seul homme, l'Europe et la France se déchireront mutuellement ! Pour un seul homme, la paix de vingt peuples divers sera perpétuellement troublée ! La nature et l'humanité gémiront sans relâche, des torrens de sang inonderont la terre, l'univers ne sera plus qu'une vaste arêne où toutes les générations viendront s'anéantir avant le terme fixé pour leur destruction! Et pour quel homme encore? Pour un homme, diront ses trop nombreux et peut-être aussi trop véridiques ennemis, pour un homme que ni la morale, ni la justice, ni la bienfaisance ne recommandent à l'amour ou à la vénération des hommes; à qui l'observateur impassible, en lui accordant de grandes qualités, reprochera justement des crimes plus grands encore; que l'histoire, en disant les grandes choses de sa vie, marquera du sceau de l'assassinat, de la spoliation, de l'inceste et de l'adultère! Qui étonna les contemporains autant par l'excès des maux dont il les accabla, que par les prodiges de son génie, et que la postérité n'admirera qu'en frémissant! Ah! si la raison pouvoit parler aux passions des hommes, si l'aveuglement n'étoit pas inséparable de l'esprit de parti, si ce tableau pouvoit frapper les yeux des sectateurs de Bonaparte, et ces réflexions arriver jusqu'à leur conscience dans le calme du recueillement et de la bonne foi, sans doute alors ils reconnoîtroient la déplorable erreur qu'ils embrassent, la cause impie et sacrilége qu'ils favorisent, et, désormais rendus à celle de l'humanité, ils se rallieroient à ceux qui ne veulent que délivrer la France et l'Europe d'un fléau destructeur, et ce grand œuvre s'accompliroit alors, sans qu'une nouvelle effusion de sang et des ravages nouveaux vinssent affliger la terre!

D'après ce que nous avons dit ci-devant, il reste démontré que la résistance aux alliés n'est nécessaire ni obligatoire pour les Français, ni sous le rapport de l'honneur national, ni sous celui de la conservation du territoire, et que les malheurs les plus épouvantables en seroient au contraire la conséquence immédiate.

Actuellement, supposons tous les bons Citoyens, convaincus de cette vérité; considérons la France, sauf les partisans aveugles de Bonaparte, en rapport d'alliance et d'amitié avec les Puissances, concourant à l'exécution du même dessein, se liguant avec elles contre le même ennemi, arrivant enfin de cette manière au but désiré du renversement de Bonaparte et de son illégitime autorité; et voyons, en posant cette hypothèse, quels en peuvent être pour nous les effets et les résultats.

La suite de cet événement sera sans nul doute, suivant nous, le rétablissement de Louis XVIII sur le trône; car, quoi qu'il en soit des divers partis qui divisent aujourd'hui l'opinion, il est incontestable que le parti royaliste (une fois cessant les motifs qui font qu'aujourd'hui une certaine portion de la population y paroît contraire, c'est-à-dire la crainte de l'Etranger) sera d'une puissance bien supérieure et hors de toute proportion avec les autres.

Seroit-ce en effet le parti des Orléanistes qui pourroit l'emporter ou même concourir? Il seroit absurde de le penser.

Le Duc d'Orléans, Prince au reste tout plein de belles qualités, et digne à tous égards de fixer l'attention publique, le Duc d'Orléans, disons-nous, n'a pas et ne peut pas avoir la prétention d'occuper *actuellement* un trône que les lois immuables de la monarchie ne lui permettent de voir que dans une perspective très-incertaine et très-éloignée.

D'ailleurs, et sans doute à cause de cela même, le nombre de ses partisans est peu considérable, et ne peut pas être d'un grand poids dans la balance des suffrages.

Au surplus, il paroît que cet estimable Prince a loyalement prévenu toute contestation politique à cet égard, par une protestation formelle contre l'intention que d'indiscrets partisans auroient pu lui prêter, et par une profession franche de principes sur l'hérédité et la légitimité du trône.

Ainsi, point de concurrence à craindre de ce côté.

Seroit-ce donc le parti des Républicains qui pourroit en faire redouter une plus puissante? Nous ne le croyons nullement.

Il est impossible que des lumières trop chèrement achetées, et l'expérience si déplorable du passé, n'ayent point chassé sans retour, de tout cerveau bien organisé, cette chimère de démocratie absolue dans un état tel que la France, et chez un peuple tel que les Français. Et de fait, on peut voir que tous les hommes de quelque poids, qui ont été dans le temps du délire révolutionnaire les chefs et les plus zélés partisans de ce système, y ont depuis entièrement renoncé, et se sont ralliés au trône. Si cette idée a pu faire encore quelques dupes parmi les hommes superficiels et les imaginations exaltées, le nombre n'en sera jamais assez grand pour créer un parti capable de balancer l'opinion avec celui qui existe dans toutes les classes de la société et chez tous les hommes de sens, en faveur des principes monarchiques régénérés et définis par une bonne constitution.

Seroit-ce enfin le parti des Jacobins que nous aurions la douleur de voir triompher?

Que les gens de bien se rassurent. Cette infernale faction ne peut conserver longtemps le pouvoir funeste qu'elle tient du malheur des derniers événemens. Sa force, qui paroît grande aujourd'hui, consiste plus dans l'habileté scélérate de ses chefs que dans le nombre de ses suppôts. Les ressorts de sa puissance passée sont usés, les jours de ses criminels triomphes sont comptés, et la nation, éclairée par l'expérience de ses forfaits, ne peut tarder à faire tomber sur elle tout le poids de sa vengeance, comme elle l'accable déja du poids de son indignation.

Ainsi, point de concurrence à craindre pour le parti royaliste, et nul doute que le renversement de Bonaparte ne soit le signal du rétablissement de Louis XVIII.

Il est donc important de rechercher les effets de cette révolution, et d'examiner quels peuvent être, dans cette hypothèse certaine, notre espoir ou nos craintes sur l'avenir qui nous attend.

Depuis que la perfidie et la fatalité ont fait tomber le sceptre des mains de cet infortuné Monarque, des libelles sans nombre ont vu le jour; des accusations multipliées ont été créées et reproduites sous toutes les formes; des écrivains, sans talent comme sans pudeur, ont, par bassesse ou par intérêt, calomnié, déchiré le Prince auquel naguères ils prodiguoient leur encens.

Les uns, frondant ouvertement l'opinion générale, ont attaqué sans ménagement sa personne et son caractère.

D'autres, avec une modération perfide, payant un juste tribut d'éloges à ses intentions libérales et bienfaisantes, ont avancé que ces bonnes dispositions étoient neutralisées par sa foiblesse. Ne pouvant nier en lui l'amour du bien, ils l'ont accusé d'avoir laissé faire le mal.

Dans ce torrent d'accusations et de reproches, trois Griefs principaux ont paru, (grâces aux mouvemens extraordinaires qu'on s'est donné, aux intrigues qu'on a employées pour aigrir les esprits, même longtemps avant l'exécution directe du complot que ces impressions devoient favoriser) ont paru, disons-nous, fixer principalement l'attention, et faire quelqu'impression sur certaines classes de la population. Ce sont les suivans : mauvaise foi dans l'institution et l'exécution de la Charte constitutionnelle, arrière intention du rétablissement des Droits féodaux, et d'un retour futur sur les ventes de Domaines nationaux; tendance directe vers le fanatisme religieux, projet du rétablissement des Dixmes, et d'attentats à la liberté des Cultes.

Avant d'entrer dans l'examen de ces divers Griefs, nous devons à notre conscience de déclarer que, quant à nous, nous ne les avons jamais pu considérer, sauf un seul, sur lequel nous nous expliquerons tout à l'heure, que comme autant de chimères plus ou moins adroites créées par la malignité, ou peut-être bien aussi par l'imprudence de quelques subalternes qui, substituant leurs vœux et leurs désirs à la volonté du Souverain comme à ses intentions, auront, par leurs indiscrètes prétentions, donné naissance à ces idées, dont ensuite l'esprit de parti, qui est l'esprit d'exagération, de mensonge et d'intrigue, se sera hâté de s'emparer pour en faire son profit.

Toutefois nous consentons à déposer ici cette conviction, et nous allons émettre quelques opinions impartiales sur chacun des Griefs en question.

EXAMEN DES GRIEFS.

1.° *Mauvaise foi dans l'institution et dans l'exécution de la Charte Constitutionnelle.*

On *suppose* que le Roi n'étoit pas de bonne foi dans l'institution de la Charte, et, pour le prouver, on *suppose* qu'il avoit l'intention d'éluder quelques-uns des principes essentiels qu'elle consacroit, et même de les abolir tous un jour.

Sans insister sur la singularité de ce raisonnement, sur le ridicule de cette supposition prouvée par une autre supposition, ne peut-on pas, en prenant l'inverse de cette proposition, dire, tout aussi justement, que le Roi étoit de bonne foi dans la délivrance de la Charte, parce qu'il n'avoit pas l'intention d'y porter atteinte?

Eh! qui peut autoriser, en effet, à lui supposer cette intention?

N'est-ce pas lui-même, et sa propre volonté qui l'avoient instituée? Ignore-t-on aujourd'hui que cette Charte, à la sagesse et à la libéralité de laquelle ses plus furieux ennemis mêmes sont forcés de rendre hommage, étoit le fruit bien mûri de son propre jugement et des méditations de son exil?

Et, pour l'observer en passant, c'est assurément là la plus noble défense et le plus invincible argument contre les déclamations journalières de ces libellistes gagés qui répètent à satiété « que le Roi ne connoissoit « nullement l'état moral de la nation; qu'il « n'étoit point au niveau des lumières du « siécle, et qu'il en vouloit faire rétrograder « l'esprit jusqu'à l'aveuglement des âges « précédens. »

Or, s'il est bien vrai que la Charte soit émanée de la volonté du Roi, comment donc croire qu'il n'avoit pas l'intention de

l'exécuter ? Comment, et pourquoi penser
qu'il voulut détruire son propre ouvrage,
une institution qu'il regardoit comme son
plus beau titre de gloire ?

Mais, dit-on en preuve de violation, la
Charte promettoit la liberté de la presse, et
la loi de la censure a détruit cette liberté.

Avec la franchise dont nous faisons profession, nous confessons que ce reproche a,
sous un certain rapport, quelque fondement,
et nous ne dissimulons pas que bien que
nous ayons des premiers applaudi à la
sagesse de la loi sur la censure, cependant
nous avons vu, avec quelque peine, cette
sorte d'atteinte portée à la Charte, non pas
à cause de cette atteinte même, mais à cause
de la dangereuse idée qu'elle pouvoit accré-
diter sur la possibilité de violations plus
importantes.

Toutefois il nous semble que ce reproche
a bien moins de gravité qu'on ne s'est plû
à lui en donner, et qu'à considérer cette
mesure sous son vrai jour, elle porte avec
elle-même sa justification.

Ce ne fut point un acte d'arbitraire ni
de mauvaise foi, de la part du Gouvernement, ce fut un effet inévitable de l'empire
des circonstances.

Nous nous expliquons.

Le Roi avoit voulu que la liberté de la

presse subsistât désormais dans toute sa latitude; ses hautes lumières l'avoient convaincu
que cette institution étoit l'un des élémens
principaux et la plus sûre garantie de la
liberté nationale dont il se déclaroit le pro-
tecteur.

C'est pour cette raison qu'il avoit fait de
cette liberté un des principes fondamentaux
de la Charte.

Mais il est en politique, comme en méde-
cine, des alimens dont l'usage, bienfaisant
dans l'état de santé, devient mortel dans
l'état contraire; et, dans la situation des
choses à cette époque, dans la circonstance
particulière où la nation se trouvoit placée,
cette faveur de la Charte pouvoit être pré-
maturée et devenir fatale.

On sortoit d'un état de révolution, c'est-
à-dire, d'un choc toujours terrible d'intérêts
et d'opinions : les esprits étoient encore en
grande fermentation. L'usage de la liberté
illimitée de la presse, qui trop souvent n'en est
que la licence, pouvoit augmenter cette fermentation d'une manière fort dangereuse pour
la tranquillité de l'État.

Le Roi, et tous les bons esprits avec lui,
avoient donc senti qu'une limitation momen-
tanée de cette liberté devenoit indispensable,
qu'elle étoit autant assurément dans l'intérêt
de la Nation que dans celui du Trône, et

en conséquence la loi sur la censure fut proposée, discutée et approuvée par tous les vrais amis de l'ordre et de la patrie.

L'événement a trop prouvé la justesse de cette opinion. Il a laissé regretter que la mesure n'ait point été plus générale et plus sévère ; car, il n'en faut pas douter, si l'odieux complot qui a renversé le Gouvernement a trouvé, sous certains rapports, tant de facilités d'exécution, on le doit surtout à l'influence perfide de quelques pamphlets, aux sourdes inquiétudes que des malveillans ont ainsi trouvé le moyen de répandre partout, et à la direction pernicieuse qu'ils sont parvenus à faire prendre de cette manière à l'opinion de certaines classes de la population.

La loi sur la censure étoit donc en soi une loi essentiellement juste et bonne, parce qu'elle étoit liée par essence à l'intérêt le plus cher de la nation, et l'on peut répondre d'ailleurs à ceux qui en font un chef d'accusation contre le Roi et ses Ministres, qu'ils doivent donc aussi accuser la nation, car si la proposition est venue du Roi, l'adoption est venue de la nation, légalement représentée par ses députés.

Or, comme la Charte étoit instituée principalement dans l'intérêt du peuple, on ne lui contestera probablement pas le droit d'en changer ou d'en modifier les principes, lorsque cet intérêt en faisoit la loi.

Au surplus, on ne doit pas perdre de vue, d'une part, que ce règlement sur la censure n'étoit que temporaire, et ne devoit avoir qu'une durée très-bornée; et d'une autre part, qu'il n'étoit point un obstacle absolu à la liberté de la presse, puisqu'il s'appliquoit exclusivement aux écrits d'une forme déterminée, et qu'au delà de cette forme régnoit la liberté illimitée.

En n'assujettissant ainsi à la censure que les pamphlets journaliers et les ouvrages de courte haleine (écrits qui, pour l'ordinaire, sont ceux à l'aide desquels on peut plus facilement pervertir l'opinion, parce qu'ils se répandent avec plus de promptitude, et se lisent plus volontiers), et en laissant toute liberté à la publication des écrits qui comportent une longue suite de composition, la loi transitoire qu'on attaque tendoit à enlever à la liberté de la presse son venin naturel, pour ne lui laisser que ses bienfaits et son utilité.

Ainsi s'explique et se justifie complètement cette démarche du Roi et de son gouvernement: ainsi l'on voit que ce qui, au premier abord, a pu paroître un grief important, n'est plus, à l'examen de l'esprit impartial, qu'une mesure très-régulière, qu'un acte de sagesse et de bienfaisance.

Nous croyons devoir nous borner à ces rapides observations sur ce premier point, et nous passons au second chef de récrimination.

2.° *Arrière intention, dans le Roi, du rétablissement des Droits féodaux, et d'un retour futur sur les ventes de Domaines nationaux.*

Les libellistes et leur dupes prouvent ce nouveau Grief à l'aide de la même logique et par le même argument que le premier; c'est avec la même puissance de raisonnement qu'ils prétendent démontrer l'infaillibilité de cette proposition.

Ils assurent que le retour de la Féodalité étoit imminent, parce que le Roi avoit la secrète intention de la rétablir; qu'on étoit sur le point d'annuller toutes les ventes de Domaines nationaux, parce que c'étoit l'arrière pensée du Roi.

Et quand on leur demande quelque démonstration de ce fait purement intellectuel, quand on les somme de donner quelque preuve raisonnable et admissible de ces intentions du Roi, ils vous répondent gravement, que le Roi les avoit parce qu'il existoit, dans la nation et tout autour de lui, une classe de gens intéressés à ce qu'il les eût veritablement, à savoir les Emigrés et les Nobles.

Si c'est là une démonstration recevable, nous ne voyons pas pourquoi l'on ne pourroit pas dire aussi qu'il n'avoit pas les intentions qu'on suppose, parce qu'il existoit, dans la nation et tout aussi près de lui, une classe de gens intéressés à ce qu'il ne les eût pas, à savoir la masse du peuple et les acquéreurs de Domaines nationaux.

Et assurément ce dernier argument auroit encore plus de force que l'autre, car la classe des gens intéressés à la négative est sans contredit bien plus nombreuse que celle des gens qui peuvent désirer l'affirmative.

Mais la véritable et invincible objection contre cette absurde supposition, c'est qu'une idée de cette nature étoit directement opposée au caractère connu et aux véritables intentions du Roi, manifestées par toutes ses actions.

C'est qu'à l'égard du rêve de la féodalité, son esprit juste et libéral, assez prouvé par l'institution de la Charte, étoit une garantie certaine de son éloignement pour un système tombé de décrépitude, et devenu désormais incompatible avec le progrès des lumières et l'esprit du siécle.

Et qu'à l'égard de l'atteinte au principe de l'irrévocabilité des ventes nationales, il étoit trop évident, pour le Roi, comme pour le plus mince raisonneur du royaume, qu'une pareille mesure seroit le signal assuré d'une révolte presque générale (eu égard à l'immense quantité des citoyens intéressés au maintien de ce principe), et la cause inévitable d'une guerre civile des plus dangereuses pour le repos de l'Etat et la sûreté du Trône.

Ainsi, à part la certitude morale tirée de la manifestation des intentions justes et libérales du Roi, la politique la plus commune et l'intérêt propre du Gouvernement s'opposoient, d'une manière absolue, à ce que jamais il pût songer à prendre une résolution pareille.

Mais, dit-on, pourtant des symptômes de ce double dessein se sont manifestés dans les campagnes. Des Nobles ont voulu ressaisir certains priviléges qui tenoient au régime féodal ; des Prêtres ont cherché à effrayer les consciences de certains acquéreurs de Domaines nationaux, et à les amener, par l'inspiration de craintes religieuses, à des restitutions, ou au moins à des transactions avec les propriétaires dépossédés!

Nous voulons bien tenir ces faits pour constans et prouvés, et nous demandons à ceux qui les opposent quelle en peut être la juste conséquence.

Assurément, il seroit fort étrange qu'on en voulût tirer une conclusion contre les intentions du Roi et du Gouvernement; qu'on voulût prétendre que c'étoit une preuve de l'existence du dessein qu'on leur attribue; qu'on voulût rendre ainsi l'autorité publique solidaire des excès ou des inconséquences des citoyens; qu'on soutînt que l'action louable ou blâmable de tel ou tel individu, relativement à un point quelconque d'intérêt général, est une preuve des intentions bien ou malveillantes du Souverain.

Si les faits dont on parle sont réels, ce qui est fort douteux, ils ne prouvent rien autre chose, si ce n'est que l'intérêt personnel parle souvent plus haut que la conscience du bon citoyen; que les principes du Gouvernement ne sont pas toujours ceux des gouvernés; que la sagesse, la justice et la libéralité du Monarque ne peuvent pas plus empêcher les injustices, les sottises et les vexations particulières, que l'existence des lois et des tribunaux ne peut empécher les délits et les crimes qui désolent la société.

Ainsi, il est vrai de dire que cette prétendue démonstration n'en est nullement une, et que ce second grief, reproché au Roi, n'a pas plus de vraisemblance ni de réalité que le premier. Passons au troisième.

3.º *Tendance directe vers le Fanatisme religieux ; Projet de rétablissement des Dixmes, et d'attentat à la liberté des Cultes.*

Il est des gens qui frémissent au seul nom de la Religion, comme d'autres au nom de la Justice ; qui fuyent les temples de Dieu, comme d'autres fuyent les tribunaux des hommes.

Que ces gens-là ayent crié au fanatisme, parce qu'ils ont vu un Prince, attaché aux devoirs de sa religion, observant et voulant faire observer à ceux de ses sujets qui partagent sa croyance les lois simples et faciles du culte divin, cela se conçoit, et en vérité le blâme de pareils censeurs est un éloge complet.

Mais que des esprits droits et honnêtes, pleins eux-mêmes de respect pour la Religion, ayent récriminé contre des mesures qui avoient pour but de lui rendre son lustre et son heureuse influence sur la morale publique, c'est ce qui se conçoit moins aisément, et il faut bien que l'esprit frondeur ait fait de grands progrès dans le siécle, puisque des actes si légitimes de l'autorité trouvent encore des improbateurs, même parmi les gens de bien et de sens.

Or, sur quoi se fondent ces récriminations? Quels en sont les motifs? Si nous les avons bien saisis, c'est, d'une part, le danger de laisser prendre au Clergé trop d'empire sur l'esprit public, principe de l'intolérance et des persécutions religieuses, et d'une autre part, l'abus présumé de l'accumulation des richesses parmi les gens d'église, abus qu'on a vu figurer dans les causes primitives de la révolution.

Ces dangers, ces abus ont-ils, dans l'état actuel des choses, quelque réalité? Nous ne le pensons pas.

Ecoutez les sages de tous les âges, écoutez les raisonneurs du jour: ils vous diront, tous, que l'esprit humain ne rétrograde pas plus que les fleuves ne retournent à leur source, et que vainement on tenteroit de s'opposer aux progrès de l'un comme au cours des autres.

L'esprit de civilisation est comme un grand incendie qui s'avance dans les siécles, en dévorant à mesure les monumens de l'ignorance et de l'aveuglement des peuples.

Ainsi, après l'expérience des abus dont la France a tant souffert, jamais assurément l'état de ses lumières et de sa législation ne pourra se plier à ce que la Religion reprenne assez d'empire pour conduire au fanatisme, et à ce que ses Ministres cumulent assez de richesses pour devenir nuisibles à l'Etat.

C'est donc à la fois une injustice et une absurdité de conclure, de quelques démonstrations extérieures de piété, que le Roi aura cru devoir à l'exemple et au bien-être de ses peuples, de conclure de là, disons-nous, que le règne du fanatisme religieux fût prêt à renaître, et d'en induire surtout que le Roi nourrissoit la secrète pensée de revenir sur le principe, consacré solennellement par lui-même, de la liberté des consciences et des cultes.

C'est encore une autre absurdité d'avoir dit que le rétablissement de la dixme étoit une conséquence immédiate de la faveur que le Roi sembloit accorder au Clergé.

De ce que le Roi marquoit de justes égards à une classe respectable de ses sujets, il ne s'ensuit pas qu'il voulût dépouiller les autres au profit de celle-là. De ce qu'il sembloit favoriser le Clergé, il ne s'ensuit pas qu'il voulût vexer l'habitant des campagnes : lui, qui sentoit si bien, au contraire, que le premier devoir du Souverain est de veiller au repos et à l'amélioration du sort de cette nombreuse et intéressante portion du peuple à laquelle est confié le germe de la prospérité générale : lui, pour qui le paysan étoit, comme l'ouvrier, le premier objet de sa sollicitude et de ses attentions paternelles : lui, enfin, qui aimoit surtout à trouver, dans l'amour et la reconnoissance des classes inférieures, la douce récompense des bienfaits qu'il se plaisoit à répandre sur elles.

Cette intention du rétablissement des dixmes est assurément le fruit d'une supposition plus gratuite encore que toutes les précédentes, et nulle preuve non plus n'a pu être rapportée à l'appui. Par elle-même, elle est contradictoire avec les sentimens bien connus du Roi, et, par son rapport avec les idées féodales, elle est encore plus éloignée d'avoir jamais été la sienne.

Nous croyons donc pouvoir dire de ce dernier grief, comme des précédens, qu'il n'est qu'une pure chimère, créée ou par l'indiscrétion ou par l'esprit de parti ; et que, sous ce rapport, comme sous tous les autres, le

Roi ne mérite en aucune sorte le reproche qui lui a été adressé.

Il en est un autre encore auquel on s'est efforcé de donner quelque consistance, pour éloigner de lui les esprits, et qui devroit, suivant nous, produire l'effet contraire.

On lui a fait un crime d'être incessamment entouré de malheureux, et on a prétendu qu'en offrant des secours et des consolations à un grand nombre d'infortunés victimes de nos troubles civils, il entretenoit ainsi, dans son palais même, des ferments de révolte contre les principes de la Charte, et de vengeance contre les partisans des idées libérales.

Une telle accusation est bien honorable, il faut en convenir, pour le Prince qui sait la mériter, et c'est assurément une étrange manière de prouver que Louis étoit un mauvais Roi que d'avouer qu'il se faisoit le soutien et le consolateur des malheureux qui recouroient à lui. Ils avoient souffert pour une cause qui étoit pour ainsi dire la sienne! Soit : mais d'éclatants exemples ont trop prouvé que la reconnoissance étoit rarement la vertu des Rois, et il n'en seroit que plus digne de respect et d'amour pour s'être placé dans l'exception, et pour avoir cédé à la double inspiration de son cœur

et de sa conscience qui lui parloient en faveur de ces infortunés.

Ils conspiroient contre la Charte et contre
les enfans de la Révolution! Qui vous l'a
dit? Où sont les preuves de ces prétendus
complots? Où en sont les résultats? Eh!
parce que des malheureux qui avoient tout
perdu, auront maudit la cause de leur perte,
parce que dépouillés de tout, réduits à la
plus dure des conditions par l'application
des principes et des mesures révolutionnaires,
ils auront déploré la rigueur de ces principes, accusé l'injustice de ces mesures,
sont-ils donc pour cela des conspirateurs,
des ennemis de l'Etat, et ne doit-on aucune
indulgence au malheur de leur destinée?
Ah! que ceux-là même qui se montrent
aujourd'hui si sévères, qui affectent ce
stoïque civisme, changeroient étrangement
de langage et de pensée, si demain un re-
vers inattendu, faisant changer soudain la
fortune, changeoit aussi les rôles; et que,
tombés à leur tour, dans le malheur ils
trouveroient injuste et tyrannique, qu'on
leur interdît jusqu'à la liberté de gémir de
leurs désastres et de désirer un meilleur
sort!....

On veut absolument croire que ces plaintes,
qui retentissoient jusqu'aux oreilles du Roi,

devoient avoir une influence fatale sur ses décisions et les actes de sa volonté; c'étoit en effet une influence bien à redouter que celle de malheureux qui étoient à la merci des bontés du Prince, et il est bien conséquent de penser et de dire que, parce qu'il les admettoit sous son toit et à sa table, il devoit aussi nécessairement les admettre à ses conseils!

Et c'est ainsi pourtant qu'on cherche à empoisonner les actions les plus honorables! C'est sur de tels fondemens que la haine et l'esprit de parti bâtissent leurs accusations! C'est par de tels moyens aussi qu'on parvient trop souvent à égarer ou pervertir l'esprit de la multitude!

Que triste et misérable est donc la condition d'un bon Roi!

Vainement la justice et l'humanité guident ses pas : vainement la sagesse et la plus pure philanthropie les éclaire : il est de toutes parts menacé de périls de toutes sortes : les passions s'agitent incessamment autour de lui; environné de trompeurs et d'envieux, d'ambitieux et de méchans, il marche d'obstacle en obstacle dans la pénible carrière du gouvernement : il flotte d'écueils en écueils sur la mer toujours incertaine de l'opinion publique; en même temps que la perfidie et la cupidité tendent partout leurs piéges autour de lui, la sottise et la malignité s'attachent sans relâche à ses intentions pour les calomnier, à ses actions pour les noircir et les dénaturer : il est sans cesse accablé de fatigues et d'inquiétudes, sans cesse abreuvé de dégoûts et d'amertumes; et souvent, après une vie consacrée toute entière à faire, au prix de son propre bonheur, la félicité de ses peuples, il disparoît du trône, au milieu des témoignages de l'indifférence ou des outrages d'une foule ingrate, aveuglée ou perverse, emportant, pour tout dédommagement et pour unique consolation, l'amour reconnoissant d'un petit nombre de justes, et l'espoir de l'équitable postérité !

Nous avons parcouru la série des reproches principaux qui ont été faits à la personne, comme au gouvernement de Louis XVIII, et nous pensons avoir laissé tout homme de bonne foi, convaincu, ainsi que nous le sommes nous-mêmes, que loin qu'aucun de ces reproches soit mérité, ce sont autant de chimères créées par la malveillance, répandues par la calomnie, et accréditées chez le plus grand nombre par la plus étrange crédulité. Nous pensons avoir laissé tout homme de bon sens pénétré de cette vérité, que loin que Louis XVIII ait justement encouru le blâme de la Nation, pour les actes de sa trop courte administration, la Nation lui doit au contraire un tribut de reconnoissance et d'amour, pour le bien qu'elle en a reçu; pour la sagesse avec laquelle il avoit su la tirer d'un abyme effrayant, cicatriser ses playes récentes, et lui ouvrir une perspective certaine de consolation et de félicité.

Et si cette conclusion est juste, nous demandons quelle crainte légitime pourroit donc agiter l'esprit des bons Français, des vrais amis de la Patrie, à l'occasion du retour de ce Gouvernement régénérateur auquel la France a dû un an de calme après vingt ans d'orages? De ce Roi, digne objet des respects de l'Europe entière, qui ne manifesta jamais d'autre intention que celle du bien, d'autre désir que celui de la prospérité nationale, et dont tous les pas dans la carrière du souverain pouvoir furent marqués par une pensée sage ou par une action généreuse?

Nous demandons si les bons Citoyens, si tous ceux qui aiment sincèrement leur pays peuvent balancer entre l'expectative du sort qui l'attend, dans cette hypothèse, et la certitude de l'effroyable destinée qui lui est réservée, dans l'hypothèse contraire? Si, entre le rappel de Louis XVIII, qui nous rendra la paix et nous permettra d'espérer le bonheur, et entre le maintien de Bonaparte, qui perpétuera la guerre et nous donnera la perspective certaine de la dévastation de la France, il peut y avoir quelqu'incertitude dans nos désirs, et si l'attachement à ce dernier parti n'est pas un aveuglement déplorable et en quelque sorte une félonie nationale, un crime envers la chose publique?

Penseroit-on à élever quelques doutes sur les intentions du Roi et les suites de son rétablissement? Voudroit-on, en accordant quelque foi aux calomnies que nous avons réfutées tout à l'heure, lui supposer des idées subversives des principes qui forment aujourd'hui le droit public de la France, et faire naître des craintes sur l'influence future de ces idées anti-libérales? Eh bien! nous soutenons que ces suppositions, fussent-elles même des vérités, que ces craintes fussent-elles justifiées, ne seroient point un suffisant motif pour repousser l'autorité de Louis XVIII, et mettre obstacle à son retour.

En effet, il est dans nos institutions politiques des garanties certaines contre les abus du pouvoir; il est des limites constitutionnelles au delà desquelles le chef du Gouvernement tenteroit en vain d'étendre sa puissance, et

qui sont un gage assuré du respect et de
la stabilité de ces principes que la Nation
a accoutumé de regarder comme le palla-
dium de sa liberté. Le système de la représentation nationale, tel qu'il est établi
dans la Charte Royale, a créé un contre-
poids salutaire, qui, maintenant un sage
équilibre entre les droits du Prince et ceux
du Peuple, garantit l'accomplissement de
tous les devoirs, préserve du retour de tous
les excès, et assure à jamais le bonheur de
l'Etat.

Cette digue politique, que la représentation
nationale oppose aux envahissemens du pouvoir, est tellement puissante qu'on a bien
conçu l'espoir de l'opposer avec succès à
Bonaparte, à Bonaparte le plus fougueux
des despotes, l'homme le plus impérieux et
le plus absolu peut-être que jamais le sort
ait placé à la tête des Nations; comment
donc, d'après cela, pourroit-on craindre
quelque chose de Louis XVIII, qui, tout
en lui supposant des intentions peu libérales,
n'a pas néanmoins, il faut en convenir,
cette fougue de volonté, ce caractère impérieux et violent qui est le caractère propre
de Bonaparte?

Ces simples aperçus doivent suffire pour

tranquilliser les plus ombrageux, et pour persuader qu'en admettant même que Louis XVIII fût autre qu'il ne s'est montré jusqu'ici et qu'il n'est véritablement, c'est-à-dire qu'il fût enclin à porter atteinte aux principes libéraux, nous n'aurions point à redouter les effets de cette volonté, puisqu'elle seroit neutralisée par la nature même des choses et par la force des obstacles constitutionnels qui lui seroient opposés.

Il reste donc démontré, dans toute hypothèse, que les craintes de quelques esprits sur les suites du retour de Louis XVIII, pour la liberté nationale, sont tout-à-fait chimériques, et que non-seulement il n'y a raisonnablement rien à redouter à cet égard, mais que même il y a tout à espérer des lumières et de la libéralité de ce Prince pour le perfectionnement de nos institutions populaires.

En résumant tout ce qui vient d'être dit sur ce point, on voit que le rappel du Roi, est sans contredit le moyen le plus efficace et le plus honorable pour sortir heureusement et promptement de la crise terrible où nous nous trouvons.

Là est le salut comme le devoir de tout

Français, car le devoir d'un bon Citoyen est de vouloir le bien général, et de travailler au bonheur de tous.

C'est le rappel du Roi qui peut arrêter soudain l'effusion du sang, prêt à couler, et les horreurs de la guerre étrangère.

C'est encore lui qui peut éteindre les torches de la discorde intérieure, et faire tomber le glaive de la guerre civile.

C'est lui seul qui peut suspendre le cours des fléaux désorganisateurs qui sont venus fondre sur notre malheureuse Patrie.

C'est de lui seul enfin que dépendent désormais les destinées de la France.

Si la partie aveuglée de l'armée et de la Nation persiste dans ce fatal aveuglement, c'en est fait pour longtemps, pour toujours peut-être, du bonheur et de la gloire de la Patrie.

Exposés à la haine de toutes les Nations, pour avoir défendu leur ennemi commun; à leur mépris, pour n'avoir point osé secouer un joug odieux, et prendre au milieu du péril une résolution généreuse; en proie à des troubles intestins, sans terme et sans objet légitime, jouets et victimes de

factions sans cesse renaissantes, le plus
déplorable avenir nous menace, la plus triste
perspective s'offre à nos regards; nous ar-
riverons, en marchant sur les cadavres san-
glans de nos Concitoyens et à travers les
cendres de nos cités détruites, à la dissolu-
tion totale de notre corps politique, à
l'anéantissement de notre existence nationale, et la France sera sans retour précipitée,
du rang de première puissance de l'Europe,
à celui du plus chétif et du plus misérable
Etat.

O mes compatriotes! vous tous qui méri-
tez le nom de vrais Français; vous, en qui
l'amour de la patrie est la première des
affections, et qui frémissez à l'idée de sacrifier à l'intérêt, fût-il même légitime, d'un
seul homme, l'intérêt et le salut de tous;
méditez, je vous en conjure, méditez pro-
fondément ces réflexions que mon zèle sou-
met à votre patriotisme! Puissent-elles fonder
dans vos ames la même conviction que dans
la mienne! Et si jusqu'ici une erreur fatale
vous aveugla, puissiez-vous, l'abjurant no-
blement, reconnoître avec moi l'absolue nécessité, pour tous les bons Citoyens, de
revenir aujourd'hui à une opinion qui offre
la seule et en même temps l'infaillible ga-

rantie du salut de l'Etat; puissions-nous tous, dans une consolante communion de senti-mens et de vœux, nous placer à jamais sous cette double sauve-garde du repos et du bonheur publics! le Roi et la Charte!

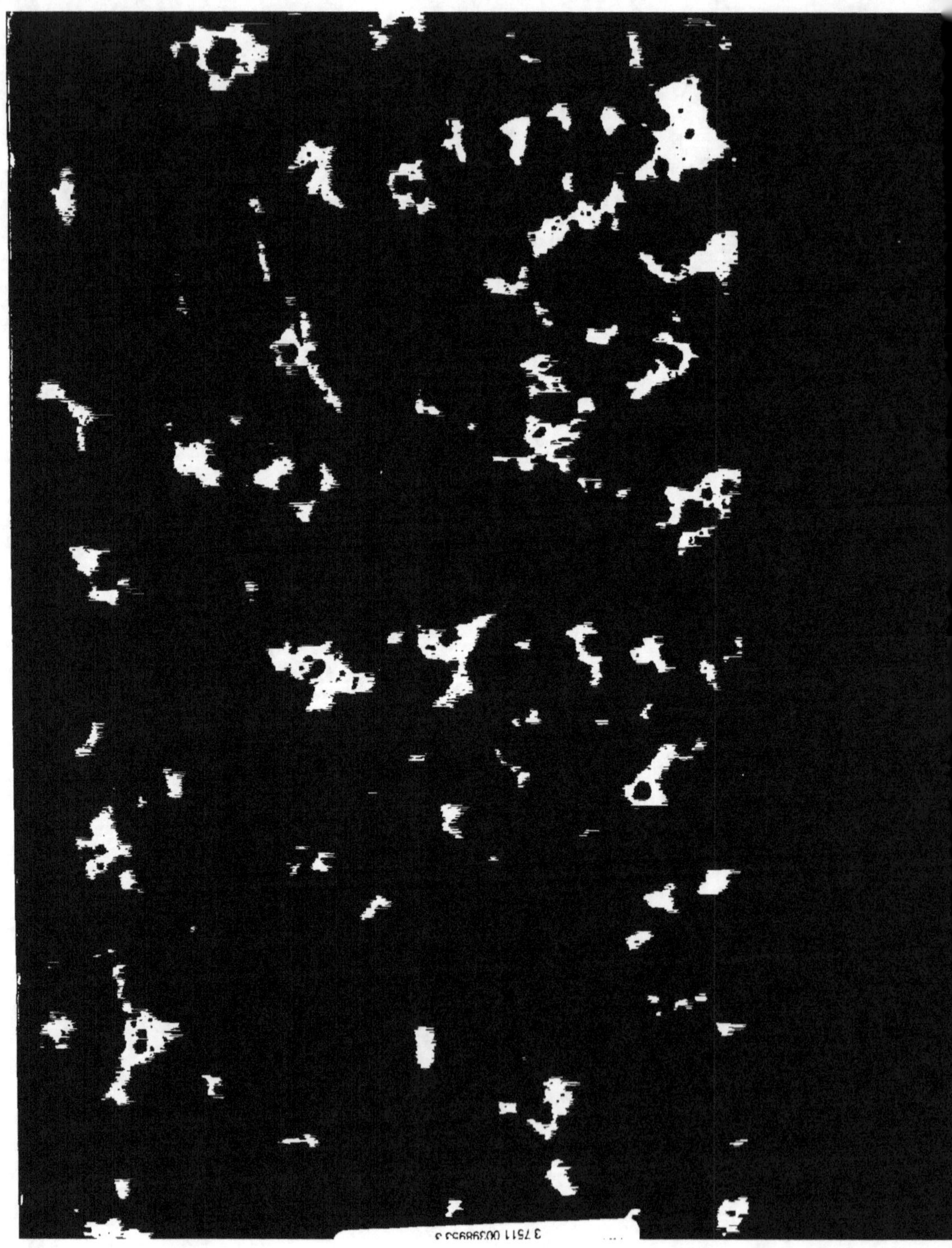